livello A1

L'ITALIANO CON I FUMETTI

ROMA 2050 d.C.

tavole: Werther Dell'edera

Carlo Guastalla / Ciro Massimo Naddeo

direzione editoriale: Massimo Naddeo
redazione: Euridice Orlandino, Chiara Sandri e Marco Dominici
progetto grafico e copertina: Lucia Cesarone
impaginazione: Gabriel de Banos
tavole: Werther Dell'edera

© 2013 ALMA Edizioni
Printed in Italy
ISBN: 978-88-6182-288-7
Prima edizione: marzo 2013

ALMA Edizioni
Viale dei Cadorna, 44
50129 Firenze
tel +39 055 476644
fax +39 055 473531
alma@almaedizioni.it
www.almaedizioni.it

I diritti di traduzione, di memorizzazione elettronica, di riproduzione e
di adattamento totale o parziale, con qualsiasi mezzo (compresi i microfilm,
le riproduzioni digitali e le copie fotostatiche), sono riservati per tutti i paesi.

indice

FUMETTO pagina 4 **ESERCIZI** pagina 22 **SOLUZIONI** pagina 47

Personaggi della storia

Bruno, giovane romano

Anna, archeologa veneziana

Fidus, il cane di Bruno

Il vecchio indovino

I Crociati veneziani

I soldati romani

episodio 1

episodio 1

episodio 2

episodio 2

episodio 2

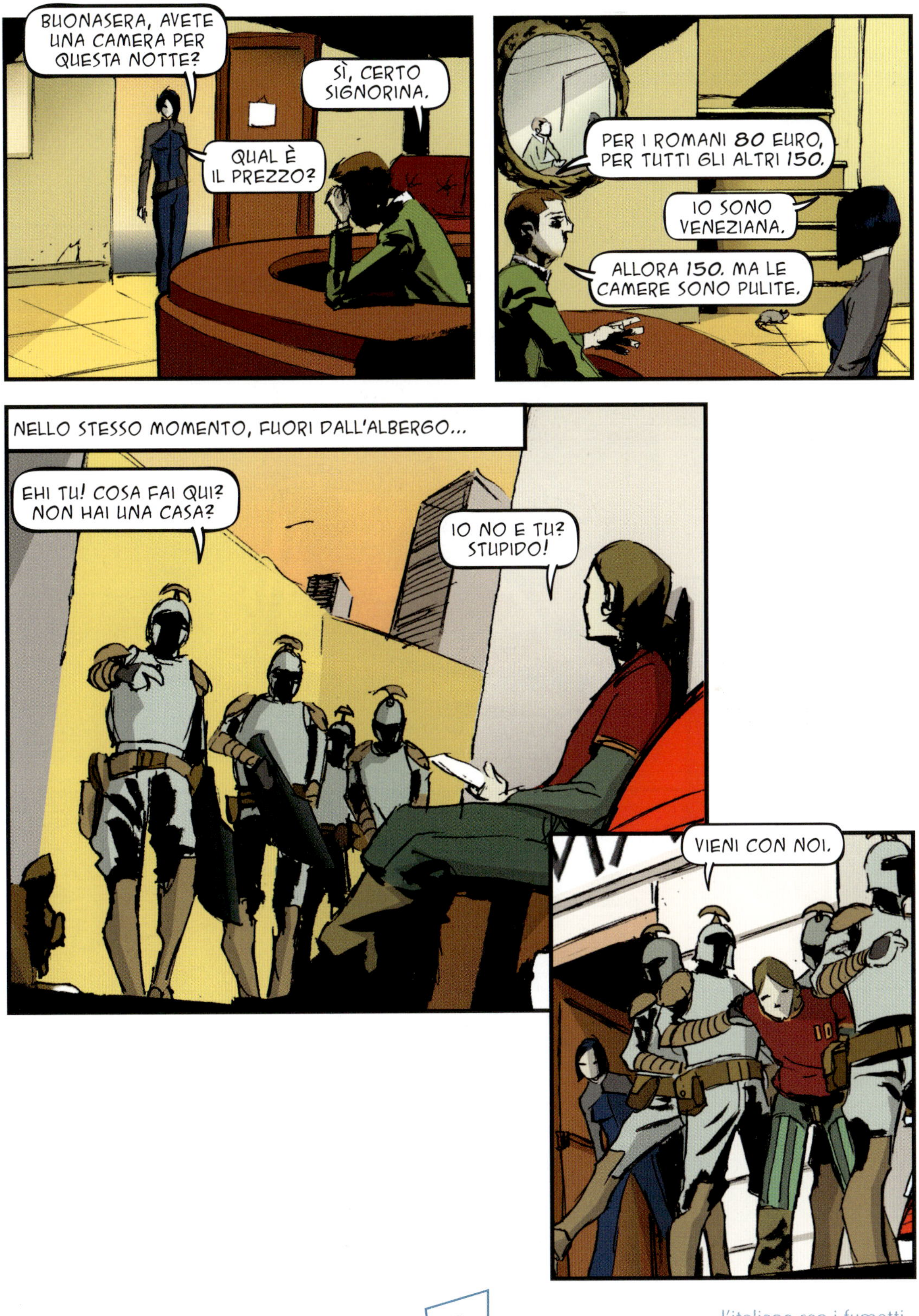

episodio 3

episodio 4

episodio 4

ANDIAMO FIDUS. CORRIAMO!
ECCO LO SPECCHIO DI ROMA!
E ADESSO? COSA DOBBIAMO FARE? QUI NON SUCCEDE NIENTE!

episodio 4

PROPRIO IN QUEL MOMENTO ARRIVANO I CROCIATI VENEZIANI.

TU! VIENI CON NOI. LO SPECCHIO È NOSTRO!

IO SONO VENEZIANA! COME VOI!

E ALLORA COSA FAI A ROMA? SEI UNA SPIA!

PARLA DONNA! QUAL È LA SOLUZIONE?

NON LO SO! NON LO SO!

NELLO STESSO MOMENTO, A NAPOLI...

OH MIO DIO! IL VULCANO... ANCHE NAPOLI È DISTRUTTA...

Arruolati con noi vieni a Napoli

episodio 5

episodio 5

episodio 6

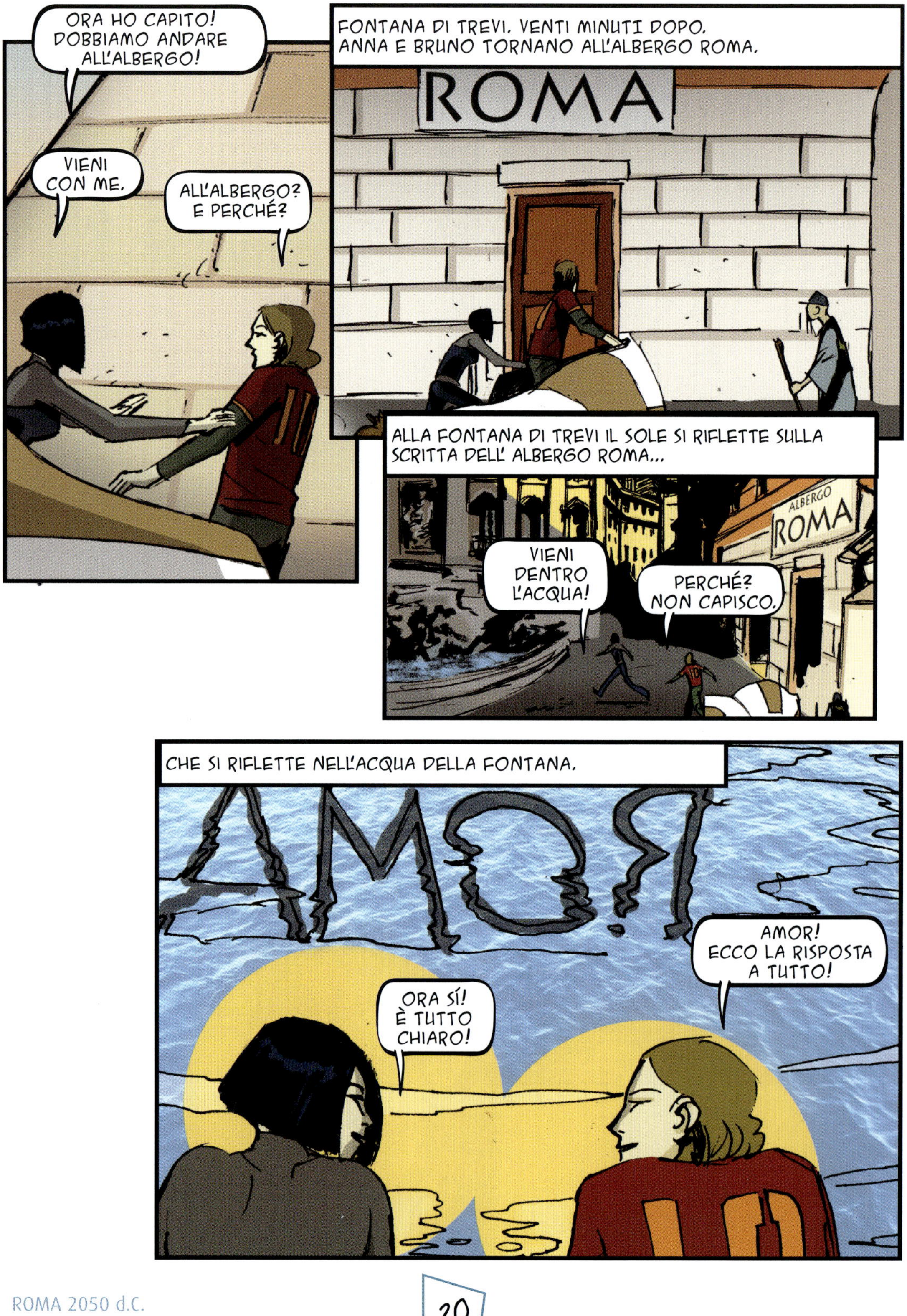

esercizi / episodio 1

uno — *Leggi il primo episodio e rispondi alle domande.*

1. Quando si svolge la storia?
   - ☐ a. Nel presente.
   - ☐ b. Nel futuro.
   - ☐ c. Nel passato.

2. Perché il Soldato Romano ferma Bruno?
   - ☐ a. Perché i cani non possono entrare.
   - ☐ b. Perché la sua moto è troppo veloce.
   - ☐ c. Per chiedere la parola d'ordine.

3. Qual è la parola d'ordine?
   - ☐ a. Bruno.
   - ☐ b. Roma caput mundi.
   - ☐ c. Fidus.

4. Che cosa deve fare Anna?
   - ☐ a. Aiutare i crociati.
   - ☐ b. Andare a Roma per avere nuove informazioni.
   - ☐ c. Scrivere una guida turistica su Roma.

due — *Leggi ancora il primo episodio, poi ricostruisci le frasi, come nell'esempio.*

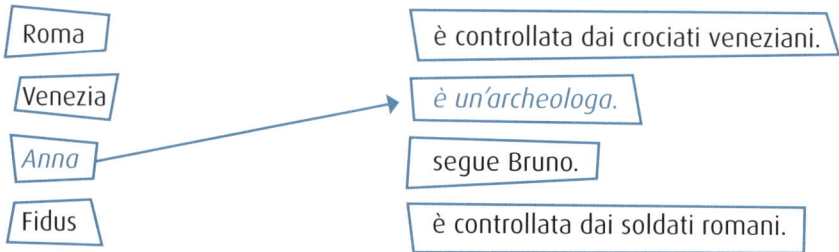

- Roma — è controllata dai crociati veneziani.
- Venezia — *è un'archeologa.*
- Anna → *è un'archeologa.*
- Fidus — segue Bruno.
- — è controllata dai soldati romani.

tre — *Scrivi le parole della lista al posto giusto, come nell'esempio.*

borsa | cane | ~~elmo~~ | ragazzo | soldato | Vespa

a. _elmo_
b. _____
c. _____
d. _____
e. _____
f. _____

ROMA 2050 d.C.

esercizi / episodio 1

Roma e Venezia

Roma è la capitale d'Italia e ha più di 3 milioni di abitanti. Fondata secondo la tradizione da Romolo il 21 aprile 753 a.C., Roma è una città molto antica e molto ricca di bellezze artistiche.
Il monumento-simbolo della città è il Colosseo.
Venezia è una delle città più belle del mondo. Costruita sull'acqua, la città ha più di 1000 anni di storia. È patrimonio dell'UNESCO.
Il suo monumento-simbolo è la Basilica di San Marco.

quattro — Completa il dialogo con le parole della lista.

| chiama | chiamo | è | sono | vado | vai |

Soldato: Alt! Dove _____?
Bruno: Ehi! _____ un amico… tranquillo. Mi _____ Bruno.
Soldato: Parola d'ordine.
Bruno: Roma caput mundi.
Soldato: Giusto.
Bruno: _____?
Soldato: Un momento! E lui?
Bruno: Lui si _____ Fidus. _____ il mio cane.
Soldato: Va bene, vai.
Bruno: Grazie.

esercizi / episodio 1

cinque
Metti in ordine le parole in ogni battuta del dialogo, come nell'esempio.

| vai | alt | dove |

Crociato veneziano: __Alt__! __Dove__ __vai__?

| Anna | archeologa | chiamo | mi | sono |

Anna: _____ _____ _____ . _____ un' _____

| vai | ok |

Crociato veneziano: _____, _____.

| Anna | ho | messaggio | per | te | un |

Uomo: _____! _____ _____ _____ _____ _____.

| che | cosa | ehi | ferma | hai | in | mano | tu |

Crociato veneziano: _____, _____! _____ _____ _____ _____? _____!

sei
Abbina le città alle descrizioni, come nell'esempio.

- Venezia — città d'arte, importante nel Rinascimento
- Milano — la più importante città della Sicilia
- Genova — centro dell'economia e degli affari
- *Bologna* — la più importante città del sud d'Italia, ricca di arte e cultura
- Roma — capitale d'Italia, ricca di monumenti e di storia
- Firenze — città turistica costruita sull'acqua
- Napoli — *città universitaria, sede dell'università più importante d'Europa*
- Palermo — città di mare, con un importante porto commerciale

ROMA 2050 d.C.

esercizi / episodio 1

sette — *Lascia libera la fantasia e completa la tabella.*

	Bruno	Anna
Nome	Bruno	Anna
Di dove è?		
Dove va?		
Professione		
Nazionalità		
Anni		

Riassunto episodio 1

Completa il riassunto con i nomi dei personaggi.

Nel 2050 Roma è distrutta ed è controllata dai soldati romani. Un ragazzo che si chiama _____, con una Vespa e un cane, gira per la città.

Nello stesso momento Venezia è sotto l'acqua e è controllata dai crociati veneziani. Una giovane archeologa, _____, nella Basilica di San Marco riceve un messaggio: deve andare subito a Roma.

esercizi / episodio 2

uno

Leggi il secondo episodio e rispondi alle domande.

1. Di che cosa parla il vecchio sul treno?
   - ☐ a. Di catastrofi del passato.
   - ☐ b. Di catastrofi del futuro.

2. Anna e Bruno...
   - ☐ a. si incontrano per la prima volta a Roma.
   - ☐ b. sono vecchi amici.

3. Anna entra...
   - ☐ a. nella stazione di polizia.
   - ☐ b. in un albergo.
   - ☐ c. in un centro massaggi.

4. Perchè Anna deve pagare 150 euro?
   - ☐ a. Perché è romana.
   - ☐ b. Perché è sola.
   - ☐ c. Perché è veneziana.

due

Leggi ancora il secondo episodio, poi ricostruisci le frasi, come nell'esempio.

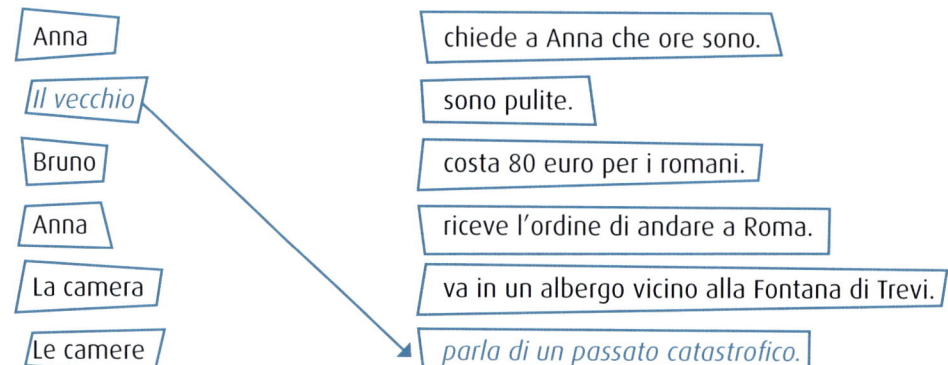

- Anna — chiede a Anna che ore sono.
- *Il vecchio* — *parla di un passato catastrofico.*
- Bruno — sono pulite.
- Anna — costa 80 euro per i romani.
- La camera — riceve l'ordine di andare a Roma.
- Le camere — va in un albergo vicino alla Fontana di Trevi.

esercizi / episodio 2

tre *Completa il dialogo con le parole della lista.*

avete	camera	certo	euro
fai	hai	io	notte
pulite	qual	sono	vieni

QUATTRO ORE DOPO ANNA È A ROMA E VA IN UN ALBERGO VICINO ALLA FONTANA DI TREVI.

Anna: Buonasera, _____ una _____ per questa _____?

Impiegato dell'albergo: Sì, _____ signorina.

Anna: _____ è il prezzo?

Impiegato dell'albergo: Per i romani 80 _____, per tutti gli altri 150.

Anna: Io _____ veneziana.

Impiegato dell'albergo: Allora 150, ma le camere sono _____.

NELLO STESSO MOMENTO, FUORI DALL'ALBERGO

Soldato Romano: Ehi tu! Cosa _____ qui? Non _____ una casa?

Bruno: _____ no e tu? Stupido!

Soldato Romano: _____ con noi.

Fontana di Trevi

La Fontana di Trevi è la più famosa fontana di Roma. La prima Fontana di Trevi è del 1410, ma la costruzione definitiva è del 1735. È uno dei monumenti più visitati al mondo. A Fontana di Trevi sono ambientate molte scene di film. La più famosa è quella del film *La dolce vita* (1960) di Federico Fellini con Marcello Mastroianni e Anita Ekberg.

esercizi / episodio 2

quattro
Completa il testo con gli articoli della lista.

| l' | l' | un | un | un' | una | una |

_____ Italia dopo _____ periodo di grandi distruzioni, sta vivendo _____ fase di caos. Bruno è _____ giovane che gira per Roma senza _____ meta insieme al suo cane Fidus. Anna, a Venezia, è _____ archeologa che riceve in segreto _____ ordine di andare a Roma ma viene scoperta e inseguita dai crociati veneziani. Anna arriva a Roma e va all'albergo Roma a Fontana di Trevi. Lì davanti incontra Bruno, che viene arrestato dai soldati romani.

cinque
Osserva l'immagine e completa le frasi con i colori della lista, come nell'esempio.

| neri |
| rossa |
| blu |
| grigia |
| ~~bianco~~ |
| marrone |

1. La maglietta di Bruno è _____.
2. I capelli di Anna sono _____.
3. Fidus ha il pelo _____.
4. La maglietta di Anna è _____ e _____.
5. Il foglio è ___*bianco*___.

ROMA 2050 d.C.

esercizi / episodio 2

sei

Completa le frasi al passato prossimo.

1. Anna _____ ricevut_____ l'ordine di andare a Roma.
2. I crociati veneziani _____ seguit_____ Anna.
3. Anna _____ salit_____ su un treno.
4. Bruno _____ chiest_____ a Anna che ore sono.
5. Anna _____ andat_____ in un albergo a Roma.
6. I soldati romani _____ pres_____ Bruno.

sette

Leggi ancora il secondo episodio, leggi le azioni e scrivi nell'ultima colonna chi le compie. Poi mettile in ordine cronologico nella prima colonna, come nell'esempio.

| Bruno | Anna | il vecchio | l'impiegato dell'albergo |

n°	azione	chi
	prende una camera all'albergo Roma	
	prende un treno per Roma	
	chiede che ore sono	
	va in un albergo vicino alla Fontana di Trevi	
1	riceve l'ordine di andare a Roma	Anna
	parla di catastrofi passate	
	dice il prezzo della camera	
	viene arrestato dai soldati romani	
	dice che le camere sono pulite	
	chiede quanto costa una camera	

l'italiano con i fumetti

esercizi / episodio 2

otto — Guarda l'ultima vignetta dell'episodio, lascia libera la fantasia e scrivi nel balloon quello che pensa Anna.

Riassunto episodio 2

Completa il riassunto con i nomi delle città.

Anna parte da _____ e va a Roma e nel suo viaggio incontra un vecchio che racconta il passato di distruzione e morte nelle città di _____, _____ e _____. La ragazza arriva a _____, e prende una stanza in un albergo davanti alla Fontana di Trevi. Nello stesso momento, fuori dall'albergo, i soldati romani arrestano Bruno.

esercizi / episodio 3

uno
Leggi il terzo episodio e rispondi alle domande.

1. Che cosa fa Bruno al Colosseo?
   - a. Partecipa a una gara sportiva.
   - b. Deve combattere con i leoni.
   - c. Vuole visitare il monumento.

2. Anna va al Colosseo...
   - a. per assistere a una gara sportiva.
   - b. per incontrare il vecchio.
   - c. per aiutare Bruno.

3. Anna e Bruno...
   - a. vanno insieme a Venezia.
   - b. vanno insieme a Napoli.
   - c. vanno in direzioni diverse.

4. Il vecchio dice a Bruno e Anna...
   - a. di andare a Napoli.
   - b. di prendere il treno per Venezia.
   - c. di cercare lo specchio di Roma.

due
Leggi ancora il terzo episodio poi ricostruisci le frasi, come nell'esempio.

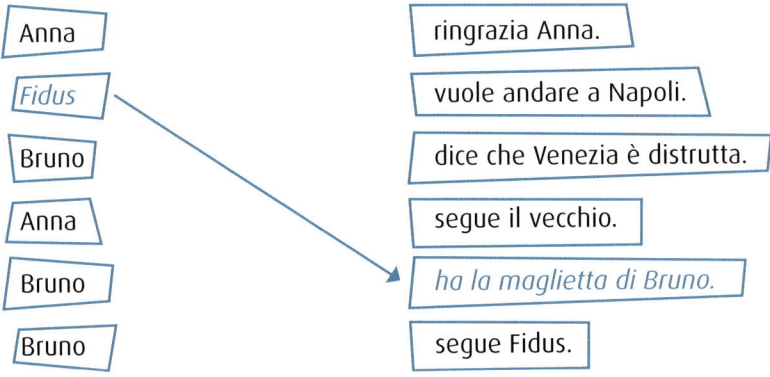

Anna	ringrazia Anna.
Fidus	vuole andare a Napoli.
Bruno	dice che Venezia è distrutta.
Anna	segue il vecchio.
Bruno	*ha la maglietta di Bruno.*
Bruno	segue Fidus.

esercizi / episodio 3

tre
Completa il dialogo con le parole della lista.

| bene | capisco | chiamo | dove | faccio |
| piacere | sei | sono | stai |

Anna: Come _____ ?
Bruno: Sto _____ ! Grazie, ma non _____ ... tu chi _____ ? Da _____ vieni?
Anna: _____ veneziana. _____ l'archeologa! Mi _____ Anna.
Bruno: Veneziana??? Ah, ah, ah! Ma Venezia non è morta sotto l'acqua?
Anna: Sei uno stupido!
Bruno: _____, Bruno.

quattro
Ricomponi le frasi, come nell'esempio.

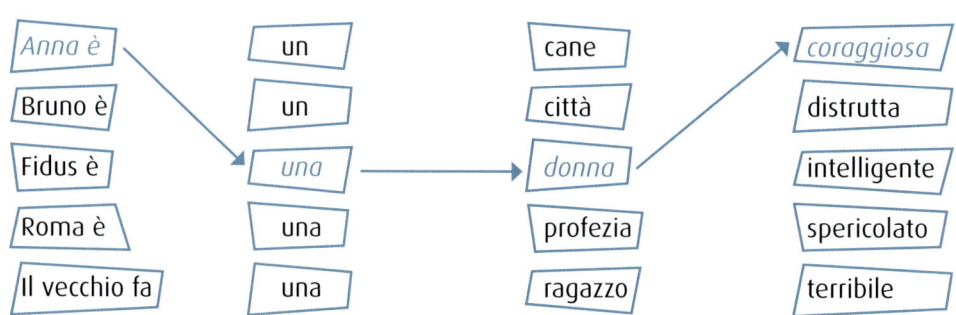

esercizi / episodio 3

cinque

Leggi i primi tre episodi, poi associa i monumenti alle immagini e alle città in cui si trovano, come nell'esempio.

a	(torre pendente)	Colosseo	*Agrigento*
b	(Colosseo)	Basilica di San Marco	Roma
c	(Duomo)	Duomo	Pisa
d	(Basilica di San Marco)	*Valle dei Templi*	Venezia
e	(Valle dei Templi)	Torre pendente	Milano

Il Gianicolo

Se volete ammirare tutta Roma dall'alto, fate una passeggiata sul colle Gianicolo. È un luogo molto caro ai romani per vari motivi:
- il cannone che da sempre "spara" alle ore 12 (lo sparo si sente da quasi tutto il centro storico).
- lo storico teatrino delle marionette di Pulcinella, per i bambini la domenica mattina.

l'italiano con i fumetti

esercizi / episodio 3

Sei
Completa il dialogo coniugando i verbi al presente.

Anna: Il vecchio *(sapere)* _____ qualcosa! *(noi – Andare)* _____ con lui! *(noi - Dovere)* _____ trovare questo specchio!

Bruno: *(Essere)* _____ solo un vecchio pazzo! Io *(andare)* _____ a Napoli. *(Volere)* _____ entrare nell'esercito del Sud.

Anna: *(tu - Fare)* _____ quello che *(tu - volere)* _____. Io *(andare)* _____ con il vecchio.

Bruno: E io *(andare)* _____ a Napoli. *(tu – Potere)* _____ prendere Fidus!

Sette
Guarda la prima vignetta dell'episodio, lascia libera la fantasia e scrivi nel balloon quello che pensa Fidus.

Riassunto episodio 3

Completa il riassunto con le parole mancanti

A Roma i soldati romani prendono Bruno. Il cane Fidus aiuta Anna a _____ Bruno e insieme scappano. Anna e Bruno parlano e nello stesso momento arriva il vecchio del treno che parla della fine del _____ e di distruzione, guerre, rapine e dice che la _____ è lo specchio di Roma. Anna vuole andare con il vecchio, ma Bruno non va con lei: lui vuole andare a _____ per entrare nell'esercito del Sud.

ROMA 2050 d.C.

esercizi / episodio 4

uno — *Leggi il quarto episodio e rispondi alle domande.*

1. Perché Anna segue il vecchio?
   - a. Perché vuole trovare lo specchio di Roma.
   - b. Perché vuole vedere dove abita.
   - c. Perché lui sa dov'è Bruno.

2. Qualcuno segue Anna. Chi è?
   - a. Crociati veneziani.
   - b. Soldati romani.
   - c. Bruno.

3. Perché Anna va in albergo e prende lo specchio?
   - a. Perché pensa di trovare la soluzione.
   - b. Perché è uno specchio antico.
   - c. Perché vuole portarlo a Venezia.

4. Perché i crociati arrestano Anna?
   - a. Perché è una spia.
   - b. Perché è una ladra.
   - c. Perché sono cattivi.

5. Che cosa è successo a Napoli?
   - a. La città è distrutta.
   - b. Bruno è entrato nell'esercito.
   - c. La città è occupata dai crociati.

due — *Leggi ancora il quarto episodio, poi ricostruisci le frasi, come nell'esempio.*

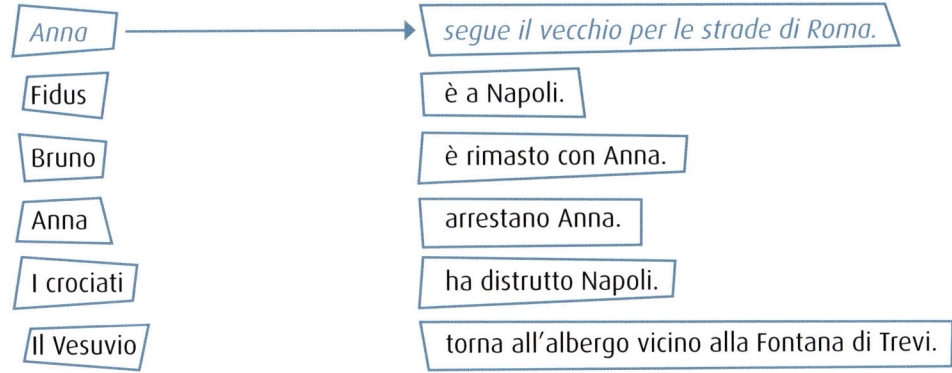

esercizi / episodio 4

tre
Completa il dialogo coniugando i verbi tra parentesi al presente indicativo.

Crociato: Tu! (*Venire*) _____ con noi. Lo specchio (*essere*) _____ nostro.
Anna: Io (*essere*) _____ veneziana! Come voi!
Crociato: E allora cosa (*fare*) _____ a Roma? (*Essere*) _____ una spia?
Crociato 2: Parla donna! Qual (*essere*) _____ la soluzione?
Anna: Non lo (*sapere*) _____! Non lo (*sapere*) _____!

quattro
Metti in ordine le parole e ricostruisci la battuta di Anna.

adesso
cosa
dobbiamo
e
fare?
niente!
non
qui
succede

Piazza di Spagna

È una delle piazze più famose di Roma, grazie alla grande scalinata di Trinità dei Monti.
La piazza si chiama così per il Palazzo di Spagna, dove c'è l'ambasciata spagnola.
Al centro della piazza c'è la Fontana della Barcaccia, di Gian Lorenzo Bernini e suo padre Pietro.
Si deve vedere la scalinata in primavera, quando è piena di fiori.

esercizi / episodio 4

cinque — Trasforma al plurale, come nell'esempio.

SINGOLARE	PLURALE
il mio cane	i miei cani
la tua maglietta	
il suo amico	
il nostro specchio	
la vostra casa	
il loro segreto	

sei — Usa la fantasia e prova a scrivere la giornata tipo di Anna, di Bruno, del vecchio e di Fidus.

l'italiano con i fumetti

esercizi / episodio 4

sette
Completa il testo con le parole della lista.

| storia | eruzioni | vulcano | città | paura | pericoloso |

Il Vesuvio è un _____ che dorme. Dorme dal 1944, anno della sua ultima eruzione. Ma la sua è una lunga _____: è famosa infatti l'eruzione del 79 d.C. che conosciamo dal racconto di Plinio il Giovane e che ha distrutto completamente Pompei, Ercolano e Oplontis, antiche e ricche _____ romane vicino Napoli.
Ci sono state molte altre _____ fino al 1944, alcune molto violente; per questo gli esperti considerano il Vesuvio un vulcano _____, anche perché l'area sotto, intorno e vicino al vulcano è molto abitata: ci vivono infatti oltre 600 mila persone. Se pensate però che hanno _____, allora non conoscete i napoletani!

otto
Guarda la vignetta, lascia libera la fantasia e scrivi nel balloon quello che pensa l'impiegato dell'albergo.

Riassunto episodio 4

Completa con gli articoli determinativi e indeterminativi.

Anna segue ___ vecchio, che parla sempre di ___ specchio. Allora corre all'albergo, dove c'è ___ grande specchio, ma arrivano anche ___ crociati veneziani e chiedono qual è ___ soluzione del mistero, ma Anna ancora non sa rispondere.
Intanto Bruno è arrivato a Napoli e la trova distrutta, come Roma e molte altre città italiane.

esercizi / episodio 5

uno
Leggi il quinto episodio e rispondi alle domande.

1. Dove gioca a calcio Bruno?
   - ☐ a. A Napoli.
   - ☐ b. A Roma.
   - ☐ c. A Venezia.

2. Perché i ragazzi vestiti di nero sparano a Bruno?
   - ☐ a. Perché ha la maglietta della squadra della Roma.
   - ☐ b. Perché è troppo bravo a giocare.
   - ☐ c. Perché vogliono rubare la sua Vespa.

3. Perché Bruno torna a Roma?
   - ☐ a. Perché ha capito la soluzione di tutto.
   - ☐ b. Perché vuole rivedere Fidus.
   - ☐ c. Perché deve riparare la Vespa.

4. Perché i Soldati Romani attaccano i crociati?
   - ☐ a. Per salvare Anna.
   - ☐ b. Per prendere lo specchio.
   - ☐ c. Per rubare la Vespa di Bruno.

due
Leggi ancora il quinto episodio, poi ricostruisci le frasi.

I ragazzini vedono Bruno e	lo	salva portandola via dal Circo Massimo.
I ragazzi più grandi non vogliono far giocare Bruno e	lo	invitano a giocare nella loro squadra.
I crociati arrestano Anna e	la	cacciano via.
Bruno trova Anna e	la	portano al Circo Massimo.

Piazza Navona

Un'altra piazza di Roma molto famosa è Piazza Navona, che ha preso la sua caratteristica forma dall'antico stadio di Domiziano, lungo 276 metri e largo 106.
La piazza è famosa anche per la presenza di due opere di grandi maestri del Barocco, come Gian Lorenzo Bernini e Francesco Borromini: Bernini è l'autore della Fontana dei Quattro Fiumi al centro della piazza, mentre di Borromini è la chiesa di Santa Agnese in Agone, davanti alla fontana.

esercizi / episodio 5

tre

Completa il testo coniugando i verbi tra parentesi all'imperativo informale (tu), come nell'esempio.

DA PIAZZA NAVONA A CIRCO MASSIMO

(Prendere) _____Prendi_____ Corso Vittorio Emanuele in direzione di piazza Venezia.
(Andare) _____ dritto per 300 metri fino a largo Argentina. (Attraversare)
_____ la piazza e (continuare) _____ dritto fino a piazza del
Gesù. (Svoltare) _____ alla prima a destra e (prendere) _____
via del Teatro Marcello. (Proseguire) _____ per 200 metri circa e (prendere)
_____ via Petroselli. Quando arrivi in piazza della Bocca della Verità (girare)
_____ alla prima a sinistra e (prendere) _____ via della Greca.
(Percorrere) _____ tutta la strada fino al Circo Massimo.

quattro

Completa le descrizioni con la forma progressiva (stare + gerundio) dei verbi tra parentesi e poi abbinale alle vignette.

1. I ragazzi (giocare) _____ a calcio. Bruno (guardare) _____ la partita.
2. Bruno (segnare) _____ un goal.
3. Bruno (correre) _____ perché i ragazzi gli (sparare) _____ .
4. Fidus (aiutare) _____ Anna. Bruno (aspettare) _____ .
5. Bruno, Anna e Fidus (scappare) _____ .

1/_____; 2/_____; 3/_____;
4/_____; 5/_____

ROMA 2050 d.C.

esercizi / episodio 5

cinque — Leggi ancora il quinto episodio, leggi le frasi e scrivi nell'ultima colonna chi le compie. Poi mettile in ordine cronologico nella prima colonna, come nell'esempio.

| Bruno | Fidus | ragazzino con la maglietta bianca | ragazzo con la maglietta nera |

n°		azione		chi
	→	invita Bruno a giocare nella sua squadra	→	
	→	scappa con la Vespa	→	
	→	torna a Roma	→	
	→	accompagna Bruno al Circo Massimo	→	
1	→	guarda una partita di calcio	→	Bruno
	→	incontra Fidus	→	
	→	fa un goal	→	
	→	spara a Bruno	→	
	→	cade dalla Vespa	→	
	→	salva Anna	→	

sei — Guarda la vignetta, lascia libera la fantasia e scrivi nel balloon quello che pensa Anna.

esercizi / episodio 5

sette
Metti in ordine le parole e ricostruisci le battute di Bruno.

forte | lo | continuate | per | giocare | senza | sono | voi

capisco | Devo | specchio | tornare | Anna | certo | subito

Ciao ciao, _____ a _____ _____ di me! _____ _____ troppo _____ _____ _____!

Ma _____, lo _____ ... : ora _____! _____ _____ da _____!

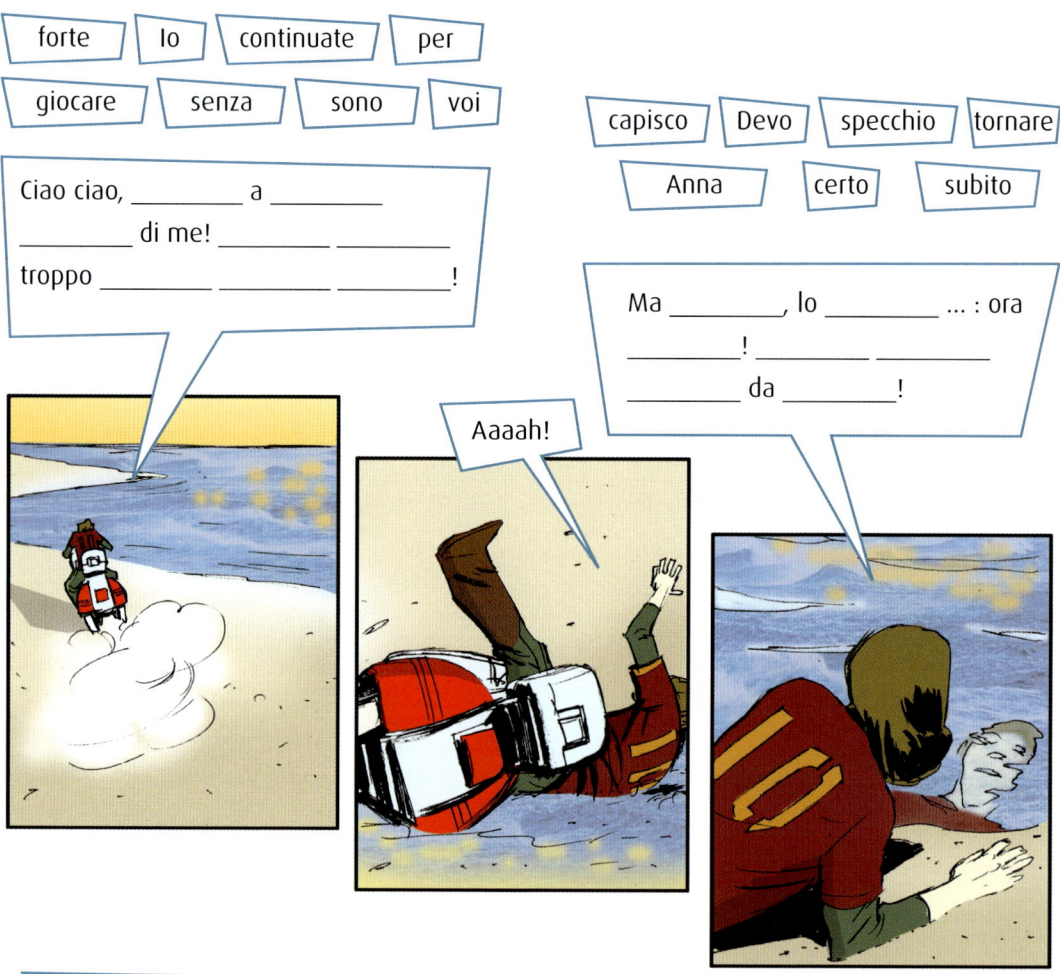

Aaaah!

Riassunto episodio 5

Bruno è Napoli e mentre è in Vespa vede dei ragazzi che stanno giocando a calcio sulla spiaggia. Lo invitano a giocare con loro, ma è troppo forte per loro e i ragazzi lo cacciano via. Mentre scappa, Bruno cade e capisce la soluzione del mistero: decide allora di tornare a Roma, ma trova solo Fidus perché Anna è nelle mani dei crociati veneziani. Bruno riesce però a liberarla e scappano inseguiti dai soldati romani: anche loro vogliono lo specchio!

esercizi / episodio 6

uno — *Leggi il sesto episodio e rispondi alle domande.*

1. Che cosa succederà se Anna e Bruno non troveranno la soluzione?
   - ☐ a. Arriverà la fine del mondo.
   - ☐ b. Il mare diventerà nero.
   - ☐ c. Roma sparirà.

2. Qual è la soluzione dell'enigma?
   - ☐ a. Anna e Bruno devono fare il bagno nella fontana.
   - ☐ b. Il vecchio è un alieno.
   - ☐ c. Bisogna leggere il nome ROMA al contrario.

3. Qual è la forza che fa andare avanti il mondo?
   - ☐ a. Il gioco del calcio.
   - ☐ b. L'acqua del Tevere.
   - ☐ c. L'amore.

due — *Leggi ancora il sesto episodio, poi ricostruisci le frasi.*

Bruno	smettono di combattere.
Anna	si baciano.
Bruno e Anna	ha trovato la soluzione a Napoli.
I crociati	trova la soluzione alla Fontana di Trevi.

tre — *Completa le frasi con le preposizioni articolate.*

1. Bruno racconta ad Anna (*di+il*) _____ viaggio a Napoli.
2. Bruno pensa di conosce la giusta interpretazione (*di+le*) _____ parole del vecchio.
3. Anna porta Bruno (*a+l'*) _____ Albergo Roma.
4. Anna e Bruno entrano (*in+la*) _____ fontana.
5. L'insegna (*di+l'*) _____ albergo si riflette (*in+l'*) _____ acqua (*di+la*) _____ fontana.

esercizi / episodio 6

La piramide Cestia

Una piramide a Roma? Sì, è la tomba del pretore Caio Cestio Epulone. Siamo nel 12 a.C., nel periodo che segue la conquista dell'Egitto da parte dell'impero Romano: la cultura egiziana entra a Roma e non pochi Romani guardano con ammirazione la grandezza di quel mondo lontano. Caio Cestio è uno di loro e alla sua morte, come un faraone, vuole una piramide dove chiudere il suo corpo e il suo tesoro.

quattro Completa le frasi con i pronomi diretti e indiretti.

1. Il soldato romano ferma Bruno e ___ chiede la parola d'ordine. (episodio 1)
2. Un uomo chiama Anna e ___ dà un messaggio. (episodio 1)
3. I soldati romani prendono Bruno e ___ portano al Colosseo. (episodio 2)
4. Fidus e Anna trovano Bruno e ___ salvano. (episodio 3)
5. Anna crede alle parole del vecchio e ___ segue. (episodio 3)
6. I crociati seguono Anna e ___ chiedono qual è la soluzione. (episodio 4)
7. I ragazzi chiamano Bruno e ___ invitano a giocare a calcio con loro. (episodio 5)
8. Bruno torna a Roma, salva Anna e ___ dice che la soluzione non è lo specchio. (episodio 6)

cinque Riscrivi le frasi al passato prossimo, come nell'esempio.

PRESENTE	PASSATO PROSSIMO
Bruno racconta ad Anna del suo viaggio a Napoli.	Bruno ha raccontato ad Anna del suo viaggio a Napoli.
Anna capisce la soluzione.	
Bruno e Anna entrano nella fontana.	
Anna e Bruno si baciano.	
I soldati e i crociati smettono di combattere.	
Inizia un nuovo mondo.	

esercizi / episodio 6

Abbina i fumetti alle espressioni corrispondenti, come nell'esempio.

1. Esatto! Ma nel riflesso è al contrario!
2. Hai ragione!
3. Dammi retta!
4. È inutile... manca poco all'apocalisse!
5. Che cosa c'è scritto sulla maglietta?
6. Adesso ognuno lo vuole, ma non è il rimedio giusto!
7. E quindi? Che cosa intendi dire?

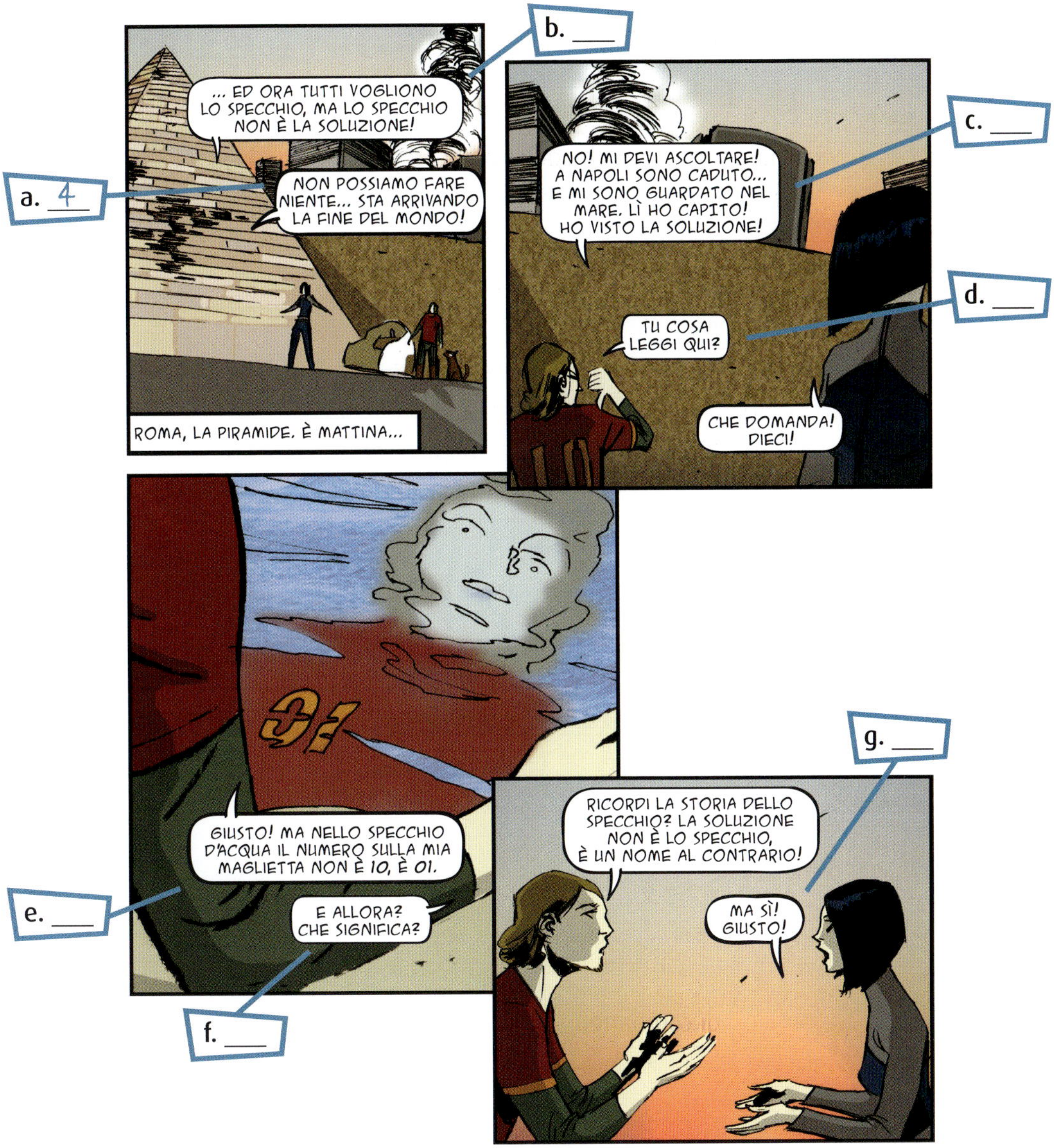

a. 4
b. ___
c. ___
d. ___
e. ___
f. ___
g. ___

esercizi / episodio 6

sette — *Guarda la vignetta, lascia libera la fantasia e scrivi come pensi che sarà il mondo di domani.*

Il mondo di domani...

Riassunto episodio 6

Bruno torna a Roma da Napoli e dice ad Anna che la soluzione non è uno specchio, ma un nome al contrario, anche se non sa quale. Anna pensa di aver capito: i due tornano all'albergo Roma e Anna invita Bruno a guardare nella Fontana di Trevi, dove si riflette la scritta dell'albergo. Il nome ROMA sullo specchio d'acqua diventa AMOR. I due ragazzi capiscono che l'unica soluzione possibile per salvare il mondo è l'amore. Anna e Bruno si baciano e tutto cambia: niente più armi e odio, inizia un nuovo mondo, il mondo di domani.

Soluzioni

EPISODIO 1

1. 1/b; 2/c; 3/b; 4/b.
2. Roma è controllata dai soldati romani; Venezia è controllata dai crociati veneziani; *Anna è un'archeologa*; Fidus segue Bruno.
3. a. elmo; b. ragazzo; c. borsa; d. cane; e. Vespa; f. soldato.
4. vai, Sono, chiamo, Vado, chiama, È.
5. **Crociato veneziano:** Alt! Dove vai?
   Anna: Mi chiamo Anna. Sono un'archeologa.
   Crociato veneziano: Ok, vai.
   Uomo: Anna! Ho un messaggio per te.
   Crociato veneziano: Ehi tu! Che cosa hai in mano? Ferma!
6. Venezia/città turistica costruita sull'acqua; Milano/centro dell'economia e degli affari; Genova/città di mare, con un importante porto commerciale; *Bologna/città universitaria, sede dell'università più importante d'Europa*; Roma/capitale d'Italia, ricca di monumenti e di storia; Firenze/città d'arte, importante nel Rinascimento; Napoli/la più importante città del sud d'Italia, ricca di arte e cultura; Palermo/la più importante città della Sicilia.
7. *Bruno*, Roma, Napoli, risposta libera, italiana, risposta libera; *Anna*, Venezia, Roma, archeologa, italiana, risposta libera.

   Riassunto episodio 1: Bruno, Anna.

EPISODIO 2

1. 1/a; 2/a; 3/b; 4/c.
2. Anna riceve l'ordine di andare a Roma; *Il vecchio parla di un passato catastrofico*; Bruno chiede a Anna che ore sono; Anna va in un albergo vicino alla Fontana di Trevi; La camera costa 80 euro per i romani; Le camere sono pulite.
3. avete, camera, notte, certo, Qual, euro, sono, pulite, fai, hai, Io, Vieni.
4. L', un, una, un, una, un', l'.
5. 1/rossa; 2/neri; 3/marrone; 4/grigia, blu; 5/*bianco*.
6. 1. *ha ricevuto*; 2. *hanno seguito*; 3. *è salita*; 4. *ha chiesto*; 5. *è andata*; 6. *hanno preso*.
7. 9/Anna; 2/Anna; 5/Bruno; 4/Anna; *1/Anna*; 3/il vecchio; 7/l'impiegato dell'albergo; 10/Bruno; 8/l'impiegato dell'albergo; 6/Anna.
8. Risposta libera.

   Riassunto episodio 2: Venezia, Milano, Agrigento, Pisa, Roma.

EPISODIO 3

1. 1/b; 2/c; 3/c; 4/c.
2. Anna segue il vecchio; *Fidus ha la maglietta di Bruno*; Bruno vuole andare a Napoli; Anna segue Fidus; Bruno dice che Venezia è distrutta; Bruno ringrazia Anna.
3. stai, bene, capisco, sei, dove, Sono, Faccio, chiamo, Piacere.
4. *Anna è una donna coraggiosa*; Bruno è un ragazzo spericolato; Fidus è un cane intelligente; Roma è una città distrutta; Il vecchio fa una profezia terribile.
5. a/Torre pendente/Pisa; b/Colosseo/Roma; c/Duomo/Milano; d/Basilica di San Marco/Venezia; *e/Valle dei Templi/Agrigento*.
6. sa, Andiamo, Dobbiamo, È, vado, Voglio, Fai, vuoi, vado, vado, Puoi.
7. Risposta libera.

   Riassunto episodio 3: trovare/salvare, mondo, soluzione, Napoli.

Soluzioni

EPISODIO 4

1. 1/a; 2/a; 3/a; 4/c; 5/a.
2. *Anna segue il vecchio per le strade di Roma;* Fidus è rimasto con Anna; Bruno è a Napoli; Anna torna all'albergo vicino alla Fontana di Trevi; I crociati arrestano Anna; Il Vesuvio ha distrutto Napoli.
3. Vieni, è, sono, fai, Sei, è, so, so.
4. E adesso? Cosa dobbiamo fare? Qui non succede niente!
5. *i miei cani,* le tue magliette, i suoi amici, i nostri specchi, le vostre case, i loro segreti.
6. Risposta libera.
7. vulcano, storia, città, eruzioni, pericoloso, paura.
8. Risposta libera.
   Riassunto episodio 4: il, uno, un, i, la.

EPISODIO 5

1. 1/a; 2/b; 3/a; 4/b.
2. I ragazzini vedono Bruno e lo invitano a giocare nella loro squadra; I ragazzi più grandi non vogliono far giocare Bruno e lo cacciano via; I Crociati arrestano Anna e la portano al Circo Massimo; Bruno trova Anna e la salva portandola via dal Circo Massimo.
3. *Prendi,* Vai/Va', Attraversa, continua, Svolta, prendi, Prosegui, prendi, gira, prendi, Percorri.
4. 1. stanno giocando - sta guardando; 2. sta segnando; 3. sta correndo - stanno sparando;
   4. sta aiutando - sta aspettando; 5. stanno scappando. 1/d; 2/b; 3/a; 4/e; 5/c.
5. 2/ragazzino con la maglietta bianca; 5/Bruno; 7/Bruno; 9/Fidus; *1/Bruno;* 8/Bruno; 3/Bruno; 4/ragazzo con la maglia nera; 6/Bruno; 10/Bruno.
6. Risposta libera.
7. *Ciao ciao,* continuate *a* giocare senza *di* me! Io sono *troppo* forte per voi!; *Ma* certo, *lo* specchio…: *ora* capisco! Devo tornare subito *da* Anna!

EPISODIO 6

1. 1/a; 2/c; 3/c.
2. Bruno ha trovato la soluzione a Napoli; Anna trova la soluzione alla Fontana di Trevi;
   Bruno e Anna si baciano; I crociati smettono di combattere.
3. 1. del; 2. delle; 3. all'; 4. nella; 5. dell' - nell' - della.
4. 1. gli; 2. le; 3. lo; 4. lo; 5. lo; 6. le; 7. lo; 8.le.
5. *Bruno ha raccontato ad Anna del suo viaggio a Napoli;* Anna ha capito la soluzione;
   Bruno e Anna sono entrati nella fontana; Anna e Bruno si sono baciati; I soldati e i crociati hanno smesso di combattere; È iniziato un nuovo mondo.
6. 1/e, 2/g, 3/c, *4/a,* 5/d, 6/b, 7/f.
7. Risposta libera.